संरचना विचारों की

JIVAN KE VIBHINN PADAAVON PAR

दिव्यांशु ढौंडियाल

यह किताब मेरी स्वर्गवासी नानी जी श्रीमती माधुरी डोबरियाल तथा मेरी स्वर्गवासी मौसी जी श्रीमती मंजू बर्थवाल को समर्पित है

क्रम-सूची

प्रस्तावना

यह पुस्तक हर किसी की ज़िन्दगी में होने वाले कई पलों को कविताओं के रूप में प्रदर्शित करती है। ये पुस्तक उन अनेक भावों को अपने अन्दर संजोहे है जो ख़ुशी में , दुःख में , आने वाले कल की चिंता को लेकर या बीते हुए कल की यादों को लेकर आते हैं। इस पुस्तक को वास्तविकता बनाया मेरे माता पिता, मेरे मित्रों तथा उन सभी लोगों ने जो मेरे जीवन में थे या आज भी हैं।

भूमिका

कविताओं की रचना आसान नहीं होती है, मगर इनकी रचना करना मैं सीख रहा हूँ । असल में कविताओं की रचना कहना ही गलत है कविताएं तो आपके आस-पास आपके अन्दर सब ही जगह मौजूद हैं बस सही शब्दों का इस्तेमाल करना आना चाहिए हर संवाद अपने आप में एक कविता ही तो है, भाषाओं का बहुत ज्ञान नहीं है मुझे इसलिए कुछ शब्द मैंने हिंदी, कुछ शब्द उर्दू से लिए तथा कुछ शब्द अन्य बोल-चाल की भाषा से लिए और जो भी मन में विचार पनप रहे थे इस पुस्तक के माध्यम से कह दिए ।

1. अटल सत्य विचार

"वक़्त भी फिक्र उसकी ही करता है
जो अपनी ज़िन्दगी में वक़्त का हमेशा ज़िक्र करता है"

"दोस्ती की असलियत उस वक़्त समझ में आती है
जब मुसीबत में आप हो मगर बेचैनी दोस्त को हो जाती
है"

"अब लगता है हम खामोश ही अच्छे थे
क्यूंकि लड़ाई की गूँज दिल की दीवारों पर दरार ले ही
आई"

"ज़िन्दगी के सफर में कभी निर्भर होना न सीखना
अक्सर किसी मोढ़ पर इंसान अकेला पड़ ही जाता है"

"पैरों को ज़मीन पर रखते हुए अगर पंख फड़फड़ाना सीख
जाओ

तो तुम्हे ऊँचा उड़ने से कोई रोक नहीं सकता
और वक़्त रहते अपनी गलतियों को सुधार लो
तो तुमसे बेहतर कोई हो नहीं सकता"

❧❧❧

"कभी-कभी यादों को गले लगाना तो सीखो
कभी दर्द में मुस्कुराना तो सीखो
कब तक छिपे रहोगे किसी की आड़ में
कभी खुद के बल पर बाहर आना तो सीखो"

❧❧❧

"अनकही बातों से तो अच्छा है
इशारों में बात कर लो
क्यूंकि ज़माने को नज़र में रखकर
दिल अक्सर कहता है
थोड़ा और इंतज़ार कर लो"

❧❧❧

"जिसने चाहा जैसे चलाया मेरे वक़्त को
अपने हिसाब से
बारी आई जब उनका वक़्त मेरे काम आने की
वो कह चले काम है मुझे, बड़े आराम से"

❧❧❧

"गलतियां पहेलियों से कम नहीं
समझ आए तो ज़िन्दगी संभल गई
और ना समझी

तो पल में ज़िन्दगी बिखर गई"

❦❦❦

"दूर का दिखना अब बंद हो गया
पास आकर बैठा कर
एक बुज़ुर्ग माँ बाप कह गए
अपनी आँखों में आंसू लाकर"

❦❦❦

"लोग बिना सवाल सुने आजकल जवाब ढूंढते हैं
और जवाब गलत होने पर सवाल पूछते हैं
शायद ऐसी गलती वो हर बार करते है
और न चाहते हुए भी कई बार फिसलते हैं"

❦❦❦

"खुद से न इतना प्यार करो
कि दुनिया गुम जाए
वक़्त का इतना न दीदार करो
कि ज़िन्दगी गुज़र जाए"

❦❦❦

"पत्थर कितना ही बड़ा हो वक़्त कि मार से टूट ही जाता
है
इंसान का दिल कितना ही सम्भालो वो रूठ ही जाता है
कदर इंसान की करके तो देखो
वरना इस वक़्त की रेत में तो हाथ छूट ही जाता है"

❦❦❦

"अजब से सन्दूक होते हैं
ये दुनिया के लोग
बाहर से सुनहरी चमक होती है
मगर अन्दर से बिलकुल खोखले होते हैं"

❧❧❧

"अक्सर लोग छोड़ जाते हैं किसी मोड़ पर
किसी के साथ रहने पर इतना गुरूर न कर
जीवन की सड़क हमेशा सीधी नहीं होगी"

❧❧❧

"कहीं खो गई है वो बचपन की गर्माहट
होती नहीं है आज किसी की किसी से मिलने की चाहत
इन कोमल हाथों को ज़िन्दगी ने बना दिया कठोर
दूरियां दोस्तों से जैसे समंदर दो छोर
वो बचपन की मासूमियत अब न आती है न आएगी
वो भी ज़िन्दगी थी यारों
जिनकी यादें बस यादें रह जाएँगी"

❧❧❧

"किसी चीज़ की कीमत उसकी तादात पे होती है
चीज़ ज़्यादा हो तो अक्सर दाम कम होते हैं
और चीज़ कम तो दाम ज़्यादा
हीरा भी पत्थर ही तो है
बस कीमत इसलिए ज़्यादा है
क्यूंकि आसानी से मिल नहीं पाता है

हीरा बन्ने की चाहत सब मे होती है
दृढ़निश्चय नहीं होता
और जिसमे दृढ़निश्चय होता है
वो कभी अपनी चमक नहीं खोता"

❧❧❧

"ये तपन कि आस लेकर
सर्दी में उदास बैठे है
ये गरीब हैं साहब जो
कुछ पल अलाव के पास बैठे हैं
न सर पर छत है
न तन पर है कपड़ा
फिर भी कोई सुनता नहीं
इनका कोई भी दुखड़ा
कुछ कहना ज़्यादा नहीं चाहता हूँ
बस एक ही गुज़ारिश है
क्यूंकि इस ठण्ड में ठिठुरते हुए
उस गरीब को ज़रुरत तुम्हारी है
रिश्ता तो क्या ही है
इंसानियत का नाता है
उस शक्स को कुछ कपड़े पहना देने से
तुम्हारा क्या ही जाता है"

❧❧❧

"वो बेवक़्त पर वक़्त की बात समझाए
मुसीबत आने पर खुद से वाक़िफ़ कराए
वो समय है यारों

जो ढल जाने के बाद गलती का एहसास कराए"

❧❧❧❧

"किसी मुसाफिर से पूछ कर देखो
कि सफर का मज़ा किसे कहते हैं
वो राह पर चलते हुए
मुस्कुराते ही रहते हैं
किसी अन्जान का मिलना और अपना सा हो जाना
शायद इस सफर की ख़ासियत है
हर मुश्किल से लड़कर मंज़िलों को पाना"

❧❧❧❧

"फितरत बदलना आजकल तो आम है
ये दुनिया यूँही थोड़ी बदनाम है"

❧❧❧❧

"ज़िन्दगी हो चुकी है
एक खाली कांच के गिलास सी
लाख कोशिश कर लूँ छिपाने की
कहीं न कहीं से हाल अन्दर का झलक ही जाता है"

❧❧❧❧

"मत आना मुझे ढूंढते हुए अब
मेरे बचपन के 'मैं' ने कहा
वो मासूमियत शायद अब
जिम्मेदारियों के बोझ तले दब चुकी है"

❧❧❧❧

"बड़े हो जाने के मौके कई बार आते हैं
इन मौकों में कई बार हम बचपन भूल जाते है
असली ख़ुशी तो बस वही पाता है
जो अपनी ज़िन्दगी को अपने बचपन की तरह जी जाता
है"

❧❧❧

"अपने कल की सोच में इस कदर मसरूफ़ हूँ
कि जाता हूँ आज को भूल
और कई बार इतना व्यस्त हुआ अपने ख्यालों में
कि हो गया मैं अपनों से दूर"

❧❧❧

"मतलब बदल जाता है ज़िंदगानी के जीने का
जब यार साथ होते हैं
ठोकर एक को लगती है
सब साथ मिलकर रोते हैं
कामियाबी का शिखर एक चढ़ जाता है
परेशानी में सांत्वना तो हर कोई देता है
मगर अजीब से निवारण हर दोस्त ही देता है
घर के बाहर भी जो आपका परिवार होता है
सच में वो ही आपका यार होता है"

❧❧❧

"ज़िंदगानी अक्सर बुरा बना ही देगी
चाहे अच्छाई कितनी ही कर लो

और लोग सिर्फ इस्तेमाल ही करेंगे
जब तक कि तुम खुद को बहुत दूर न कर लो"

❧ ❧ ❧

"पहन कर चोगा फरेबी का
धोखेबाज़ ज़िन्दगी में आ जाते हैं
फिर किसी ज़रुरत के मोड़ पर
वो अपना असली चेहरा दिखाते हैं"

❧ ❧ ❧

"वक़्त की रेत तले दब जाओगे
बस कुछ चुनिंदा यादों में रह जाओगे
इतना गुरूर है किस काम का
जब मुस्कुराहटें ही नहीं बटोर पाओगे"

❧ ❧ ❧

"चाहे कैसा भी ज़मीर हो इंसान का
बेहद अच्छा हो ही जाता है
जीते जी कितनी ही कोशिशें कर लो
होता तब ही जब इंसान दुनिया से चला जाता है"

❧ ❧ ❧

"वक़्त, उसूल और जस्बात
कद्र करना सीखो भाई साहब
वरना इन्होने सीख देनी शुरू कर दी
तो ज़िन्दगी नामक कागज़ पर गिर जाएगा तेज़ाब"

❧ ❧ ❧

"कभी-कभी ज़िन्दगी में
एक ऐसा मोड़ आता है
कि बढ़ चुकी होती है आगे ज़िन्दगी
पर हर पल उसी मोड़ की याद दिलाता है"

❧❧❧

"बेफिज़ूल में कबूल करके
हर किस्म की परेशानियां
कभी खुद की वजह से हुई
कभी कहलाई नादानियाँ"

❧❧❧

"वो बुलाते हैं चीज़ हमें
बुलाते गलत तो नहीं
इस्तेमाल भी करते हैं हमें बहुत
रुलाते कोई अलग तो नहीं
खिलौना ही समझती है ये दुनिया हमारी
तभी तो किसी ने दूसरे की कद्र न जानी"

❧❧❧

अब तो चुनिंदा नज़राने हैं
चुनिंदा पल एक दूसरे के जाने हैं
कभी चुनिंदा रोज़ अकेलेपन में
चुनिंदा ही रह जाने हैं"
चुनिंदा लोग हैं ज़िन्दगी में
चुनिंदा उनकी बातें हैं

चुनिंदा रोज़ बातें होती हैं
तो चुनिंदा रोज़ मुलाक़ातें हैं"

❧❧❧

"आसान है कोसना दुनिया को
कठिन है ख़ुद को कोसपाना
बदलाव चाहते तो सब हैं
मगर बड़ा मुश्किल है ख़ुद को बदलपाना"

❧❧❧

"जहाँ किस्मत भी मुँह मोड़ ले
वहां बस दुआ ही तो साथ निभाती है
कई बार तो जाती हुई जान भी
पलट वापिस आ जाती है"

❧❧❧

"तुम कैसे सोच लेते हो कि कोई तुम से प्यार करेगा
जब तक प्यार तुम ख़ुद से न कर पाओगे
गैरों से कैसे अपनेपन की आस रखोगे
जब तक तुम ख़ुद को अपना न कह पाओगे"

❧❧❧

"सहन करो जब तक हो
साहस छोड़ जाने में नहीं
झूठा दिलासा देता तो हर कोई है
मगर जीवन जीने की ताक़त नहीं"

❧❧❧

"भुलाना चाहो तो भुला सकते हो
पाना चाहो तो पा सकते हो
वो मंज़िल है तुम्हारी खड़ी उतनी दूरी पर
या उसे दूर से ही निहारकर ज़िन्दगी बिता सकते हो"

"चेहरा तो एक दिन ढल ही जाता है
ये दिल ही है जो एक समान धड़कता जाता है
अक्सर लोग मिल जायेंगे खूबसूरत दिखने वाले कई
मगर खूबसूरत दिल का कोई मुश्किल से मिल पाता है"

"किसी के आगोश में आकर कोई काम करने से अच्छा है
कि खुद के होश में रह कर कोई काम करो
क्यूंकि अक्सर काम खराब होने के बाद
दूसरे लोग मुकर ही जाते हैं"

"अक्सर घमंड की चीख निकलते देखा है मैने
क्यूंकि घमंड से कई ऊपर सच्ची निष्ठा से किया हुआ
काम होता है
घमंड में अक्सर बेफ़िक्र हो जाते हैं लोग
और घमंड में किया काम अक्सर बदनाम होता है"

"जब सफर में ही आनंद आने लगे
तो मंज़िलों का होश किसे होता है
तपिश से कब से मतलब होने लगे
जहाँ पेड़ों की छाँवका आँचल होता है"

"उम्र नहीं रही बच्चों सी
मगर बचपना आज भी कर लेता हूँ
कभी-कभी अपनों के बीच
कुछ पल बचपने के जी लेता हूँ"

"खुद्दार हूँ गद्दार नहीं
वो कहकर चले गए
पीठ पर छुरे के निशान
आज फिर झलक गए"

"अक्सर मरहम लगाना कहकर
लोग घाव कुरेद जाते हैं
ज़ख्म मिटाने वाले ही
एक नया ज़ख्म दे जाते हैं"

"ज़िन्दगी में किसी को वक़्त उतना ही दो
कि बाद में उसके जाने का पछतावा न हो
क्यूंकि कमाई बेशक कोई ले जाए कमा लोगे तुम दोबारा

मगर बीता हुआ वक़्त नहीं देता कोई सहारा"

❧❧❧

"दर्द तो घाव का सिर्फ कुछ क्षणों का होता है
ये तो उसके निशान हैं जो आज भी रुलाते हैं
किसी ने पूछा क्या कोई पराया अपना होता है
मैंने कहा मतलब हो तो हाँ
नहीं तो अपने कहलाने वाले भी चले जाते हैं"

❧❧❧

"मैं हर पल मुस्कराता रहूं
इसका कदापि मतलब नहीं
कि ज़िन्दगी में दर्द ने अपनी दिशाएं
कहीं और मोड़ ली हैं"

❧❧❧

"खिलखिलाहट खो गई
वो मासूमियत रो गई
शायद वो बचपन की अटखेलियां
अब बड़ी हो गईं"

❧❧❧

"जो जीवित किसी का ना हुआ
क्या मर कर हो पाएगा ?
जो पिटारा लिए खुद मे बैठा था
वो अब किसको बताएगा ?"

❧❧❧

"सच कड़वा होता है ज़रूर,
इसलिए दवाई सा लगता है
वरना झूठ की मक्खन सी जुबां में तो
अच्छा ख़ासा इंसान फिसलता है"

❧ ❧ ❧

"वो कमज़ोर हुआ यूँ ही नहीं
उसने ज़माने का कहर देखा था
वो अधमरा यूँही नहीं हुआ
उसने लोगों में भरा ज़हर देखा था"

❧ ❧ ❧

"दूरियां कुछ पल की नज़दीकियां बेहिसाब होंगी
जब रूह की हमारी खुशियों को पक्की करने की बात होंगी
कुछ पल सभृ कर लेना नाराज़गी को दूर रखकर
क्यूंकि नाराज़गियों में खुशियां कहाँ बरकरार होंगी"

❧ ❧ ❧

"जीना सीखो क्यूंकि
ज़िन्दगी की अंतिम मंज़िल तो मौत ही है"

❧ ❧ ❧

"मेरी या तुम्हारी हर एक सांस का हिसाब है उसके पास
वो जीवनदाता हर चीज़ का ख़याल रखता है
बेशक भेजता है तुम्हे इस धरती लोक पर
मगर वापिस बुलाने का इंतज़ाम भी रखता है"

❧❧❧

"रास्तों को कहाँ पड़ी है कि मंज़िलें कहाँ हैं
जल चुकी जो लकड़िया जंगल की वो जंगल कहाँ हैं
मुसाफिरी करते उन पर सवार वो लोग कहाँ हैं
थकी हारी बैठीं आशायें जिनमे जोश कहाँ हैं"

❧❧❧

"किसी ने पूछा कि क्यूँ गुलाब को प्रेम से जोड़ा जाता है
मैंने कहा क्यूंकि गुलाब ही सच्चे प्रेम को दर्षाता है
प्रेम विफल हो तो काँटों पर कटती है ज़िन्दगी
मगर उन लाल कोमल पंखुड़ियों में जीवन सफल होजाता
है"

❧❧❧

"तारीखें बढ़ने लगीं
साल दर साल बदलने लगीं
जब ख़ुशी ख़तम होने लगी बड़े होने पर
लगने लगा अक्ल सँभलने लगी
कन्धोंपर न जाने कब से ज़िम्मेदारी बढ़ी
न जाने कब ज़िन्दगी सपनों से ज़्यादा हक़ीक़त में गढ़ी
न जाने कब वो मासूमियत कहाँ गई
जो कभी मन के पन्नों में थी बस रही"

❧❧❧

"ज़िन्दगी जब बिखर जाए
तो थोड़ा बैठकर समेटना बेहतर है

आस की सांस छूटती नज़र आए
तो थोड़ा थम जाना बेहतर है
और जब अँधेरे में खुद को अकेलापन खाए
तो मुस्कुराना बेहतर है"

❧ ❧ ❧

"छोटा सा शब्द है मुस्कान मगर मायने बड़े
मुस्कुरा दे कोई अगर
तो मानो उसके आगे
कई आईने खडे
न जाने स्त्रोत सिर्फ एक की मुस्कान का
अपने आप में छलकता है
इसीलिए तो हर शक्स
उसके तेजः सा चमकता है"

❧ ❧ ❧

"सफर अनगिनत पड़ाव देगा
अलग-अलग मोड़ों के चुनाव देगा
कुछ रास्तों पे चलने पर सुकून
तो कुछ रास्तों पे चलने पर घाव देगा"

❧ ❧ ❧

"पल-पल की रेत में
न जाने कितने किरदार लिपटे हैं
वो जो कल था है आज नहीं
नजाने कितनी बात समेटे है
पुराने कल को देखकर तो

वो खुद अचम्भित हो जाते हैं
आज में खुद को देख
कल से पूछ जाते हैं
क्या मैं ही हूँ ये कल में थमा ?
क्या मेरा कल मेरे इस रूप में रमा ?
वक़्त की घड़ियाँ अपने साथ दूसरों को भी बदलती हैं
कुछ की ज़िंदगियाँ संवरती हैं तो कुछ की बिगड़ती हैं"

❧❧❧

"अजीब सा पल होता है वो
जब लोग खुद कुछ बुरा
याद दिलकर कह देते हैं
खुश रहो !"

❧❧❧

"ज़िन्दगी उसके नाम करो
जो तुम्हारे शब्दों को नहीं
तुम्हारी ख़ामोशियों को
सुन सके
ज़िन्दगी का सवेरा उसके नाम करो
जो तुम्हारी अच्छाइयों को नहीं
बुराइयों को भी चुन सके"

❧❧❧

"अक्सर भर जाने के बाद
छलक ही जाते हैं
चाहे घडे हों

या आँखें किसी अपने की"

❧❧❧

"कभी-कभी आपके छोटे-छोटे पलों में
कुछ अपनों की बड़ी-बड़ी खुशियां छुपी होती है
और कभी उन छोटी-छोटी खुशियों में
कुछ बड़े-बड़े पल"

❧❧❧

"मेरे शब्दों की डोर थोड़ी छोटी पड़ गई
जब किसी ने माँ शब्द का वर्णन माँगा मुझसे
मैं असमंजस में फंसा रहा थोड़ी देर
फिर मुस्कुराया खुदसे
मैं भगवान के पर्याय को क्या ही शब्दों में उतारूं
वो असीमित मर्यादा का ब्रह्माण्ड उनके बारे में मैं भी
कितना जानूं
दुनिया का दौर बदलेगा बहुत तेज़ी से
एक बस प्यार माँ का नहीं बदलता
यही प्रवाह है प्रेम की एक नदी का
जिसका प्रवाह कभी नहीं थमता"

❧❧❧

"तुम्हारी किलकारियों से
तुम्हारे शब्दों को बनाती है
वो तुम्हारी पहली गुरु
तुम्हारी माँ कहलाती है
खुदको कष्टों में रखकर

तुम्हे आराम दे जाती है
वो कर्मनिष्ठ और तपस्वी
तुम्हारी माँ कहलाती है
तुम्हारा पूरा पेट भरके
जो खुद आधा पेट जी जाती है
ऐसी अन्नपूर्णा
तुम्हारी माँ कहलाती है"

❧❧❧

"चंद लव्ज़ों में सब कुछ कह जाते हो
हर सफर के लिए एक नई सीख लाते हो
औलाद की हर ख्वाहिश को अपना फ़र्ज़ बनाते हो
इसीलिए शायद आप पिता कहलाते हो
पिता हो पता सब है
फिर भी हँसकर कई बार नज़रअंदाज़ कर जाते हो
गलतियां सुधार कर मेरी
मुझे हर वक़्त आगे बढ़ने को उक्साते हो
मेरी जीत की ख़ुशी में
आंसू ख़ुशी के लाते हो
और मेरी हार के गम को
चुटकी बजाकर भगाते हो
हाँ शायद इसीलिए आप पिता कहलाते हो"

❧❧❧

"ख्वाहिशों की नुमाइशें भी अजीब हैं
करो तो ख्वाहिशें पास नहीं आती
और न करो

तो मन को ये बात रास नहीं आती"

2. प्रेरणादायी विचार

"अपने अश्कों को बना अपनी स्याही
और कर ले अपनी किस्मत मनचाही
अपने दर्द को उठा और सीख दौड़ना
क्या पता तू सीख जाए कल खुदको पिछाड़ना
लेकर चल अपने कल को अपने साथ
और देदे अपनी कल आने वाली चुनौती को मात
पथ पर अक्सर गिरेगा तू कई बार
उठकर खड़ा हो और मुस्कुराना तू हर बार
जिस दिन तू ये सब सीख गया
तू हो गया हर जंग के लिए तैयार"

"फिसलने के बाद
फिर खड़े होने की ताक़त रखता हूँ
आज भी असफल हो जाने के बाद
फिर सफल होने की कोशिश करता हूँ
ऐसा नहीं की रुक जाने की चाहत नहीं होती
मगर उस रुकने की चाहत को छोड़ मैं धीरे-धीरे चलता हूँ
मंज़िलें मिल नहीं जाती एक दिन में
मीलों का फासला तय करते हैं लोग

बस यही सोचकर अपने आज को
अपने कल की खोज में लगाए रखता हूँ"

❧❧❧

"कोशिशें कर के तो देख
मानता हूँ एक दिन में पहाड़ नहीं टूटता
मगर एक पत्थर भी न टूटे तुझसे
वक़्त इतना भी कभी नहीं रूठता"

❧❧❧

"तू चमक है एक चिंगारी है
आग की लपट तुझे बनना है
बुझ जाने का खौफ न आने देना
तुझे जल से बादलों को बुनना है"

❧❧❧

"सोचना मत की हारा हूँ मैं
सोचना मत की नाकारा हूँ मैं
क्या पता तुम्हारे इन्ही ख़यालों से
तुम्हे अँधा बना रहा हूँ मैं
ये न सोचना की घुटने टेक दिए हैं मैंने
और नीचे धस्ता जा रहा हूँ मैं
हो सकता है उसी दल-दल की रेत से
खुदको चमका रहा हूँ मैं"

❧❧❧

"कब तक झुण्ड में चलेगा
अकेला चल के तो देख
कब तक कुछ भावनाओं की गिरफ्त में रहेगा
भावनाएं बदल के तो देख"

❧❧❧

"अक्सर ज़िन्दगी तुम्हारे सब्र का इम्तिहान लेगी
शायद इसी को तुम असफलता का नाम दोगे
मगर जिस दिन तुमने स्वयं के सब्र का इम्तिहान लिया
सफलता की सीढ़ी ही चढ़ोगे"

❧❧❧

"कभी खुद से आगे बढ़ने की सोच
कब तक दूसरे के पीछे भागेगा
खुद से जीतने का रख इरादा
तय दूरियां तेरी ये जहां नापेगा"

❧❧❧

"आज अपनी हर ख्वाहिश को
अपनी चाहत बनाकर कर रहा हूँ मैं मेहनत
ताकि कल हर ख्वाहिश पूरी कर सकूँ
जैसे आज लोग पूरी करते हैं अपनी ज़रूरत"

❧❧❧

"तूफानों में उड़ान भरते हुए
कई परिंदे घायल हो जाते हैं
मगर शायद ये घाव ही तो हैं

जो हौंसले बुलंद कर जाते हैं"

❧❧❧

"जो टूट के गिरा वो तारा ज़रूर था
एक आने वाले बेहतर कल का इशारा ज़रूर था
कि आँखें बंद कर सबने मांगी मुरादें कई
शायद जो गिरते हुए दिख रहा था वो बहुत मशहूर था"

❧❧❧

"राहें कठिन ज़रूर है
मगर हम चल लेंगे
ये वक़्त भी बीतेगा
हम थोड़ा वक़्त में ढल लेंगे
मालूम है मुझे की परेशानियां तो आएँगी
न रुकेंगे तभी तो दुनिया हमारे गुण गाएगी"

❧❧❧

"मैं बातें ज़्यादा बनाता नहीं
मुझे बातें करना आता नहीं
नादानियों से घिरा मेरा मन
कुछ किसी को अब समझाता नहीं"

❧❧❧

"मापने चला सपनों की गहराई
लेटा था उन्ही पर सर को टिकाए
वो धूप की मद्धम-मद्धम किरणें
आज लगी हैं मुझे जगाए

आँखें मूँदता हुआ जागता हूँ
लेकर अंगड़ाई अपने सपनों के पीछे भागता हूँ
पूरे होंगे या नहीं ये तो पता नही
मगर उन्ही के सहारे
अपने दिन काटता हूँ"

"माना के उड़ान भरना सीखना सही है
मगर इसका मतलब ये तो नहीं कि हम ज़मीन को भुला दे
कामियाबी के आसमान में उड़ते-उड़ते अक्सर
लोग अपनी ज़मीन को भुला देते है
मगर इतिहास गवाह है कि वोज़मीन उनको किसी न किसी
तरह से ले ही आती है
बस ज़िक्र इस बात का होता है
की उनमे हौंसलों के पंख कितने बचे होते है
जिनमें पंख बचे
वो होते वो हैं जो ज़मीन को भूले नहीं
और जिनके पंख झड़ गए वह वो लोग हैं
जिनके पास ज़मीन के अलावा कोई बसेरा बचा नहीं"

"वक़्त से पहले न मंज़िलें मिलेंगी
और वक़्त से पहले न किस्मतें चमकेंगी
बस बैठ कर, कर लो इंतज़ार
जो तुम्हारी इच्छायें हैं वो तुम्हे ही मिलेंगी"

"दहकती हुई आँधियों से पुछा
कब-तक बहने का विचार है
बोले संसार में गूंजुंगा जब-तक
बस तब-तक का इंतज़ार है"

❧❧❧❧

"डरे जो ऊंचाई से उन आसमानों की
उन्होंने ज़मीनों को चुना
और जो आदत लगा बैठे उन ऊँचाइयों की
उन्होंने बारिशों में भी धूप को सुना"

❧❧❧❧

"पूछो सवाल खुद से
चाहे तो बस पूछो दो
चाहे पूछो आज उन्हें
या कल पर टाल दो
वक़्त बेहतर बनाएगा तुम्हे
चाहे जितने सवाल हो
जवाब मिलेंगे उस दिन
जिस दिन तुम निढाल हो
जवाब होंगे जितने
उतने ही तुम कामियाब हो
और कामियाबी के हर शिखर के
तुम हर वक़्त हक़दार हो"

❧❧❧❧

"अब साहस है खुदपर
की ये रास्ता मैं लूँगा
जिस रास्ते पर मुसाफिर कम ही चलते हैं
उस रास्ते मैं चलूँगा
ऐसे अन्जान रास्ते अक्सर कुछ नया सिखाते हैं
यही रास्ते तो हैं जो मुझे बहुत लुभाते हैं
मुसाफिर कम ही ऐसे रास्तों पर टकराते हैं
मगर जो टकरा गए वो पूरा रास्ता साथ निभाते हैं"

"ये वक़्त की लकीरें हैं
इन्हे मिटना होगा
वो यादों के पिटारे को
अब सिमटना होगा
न थम रही हैं शामें
ज़िंदगानी की मेरी
अब लगता है इन परिस्थितियों से
अकेले ही निपटना होगा"

"परिन्दों के परों को भले ही गिन रहा हूँ आज
कल उड़ान भरूँगा
देख लोग हंसी उड़ा रहे हैं आज
कल मिसाल बनूँगा"

"मंज़िलें छूट गई
नौकाएं टूट गई
दुःख बहुत है दिल में मेरे
मगर हौंसलों में जान बाकी अब भी है
मंज़िलें शायद मिलती नहीं इतनी आसानी से
शायद मेहनत का मौसम थोड़ा अब भी बाकी है"

"कब तक बीते कल पर इतना इतराओगे
नया उज्जवल कल कब बनाओगे
उन्नति की चिंगारी कब तक जलेगी
कब इस मुक़ाम को अग्नि तुम बनाओगे"

"कि शतरंज का प्यादा भले ही हूँ
मगर राजा को मात दे सकता हूँ
कदम भले ही छोटे हो मेरे
मगर दूरियां लम्बी तय करता हूँ
इंतज़ार है सही मौके का
बाज़ी भी मेरी होगी
और बाज़ीगर भी मैं कहलाऊंगा
सब्र करो थोड़ा सा
एक दिन शह और मात भी मैं कह पाऊंगा"

3. स्वयं को लेकर विचार

"तेरे आशीर्वाद को अपनी ढाल बनाकर चलता हूँ मैं
तेरे ज्ञान को अपनी तलवार बनाकर मुश्किलों से लड़ता हूँ
मैं
मुझे किसी की क्या ज़रुरत
जब तेरा हाथ पकड़ कर चलता हूँ मैं"

"मुस्कुराता अक्सर नहीं हूँ मैं
अक्सर तेरे लम्हों से टकराने के बाद मुस्कुरा देता हूँ
किसी ने पूछा कभी सितारे की चमक देखी है
मैं मुस्कुराकर तेरी ओर ऊँगली उठा देता हूँ"

"खुद के ज़मीर को बिका हुआ सा महसूस करता हूँ
कोसता हूँ किस्मत को आज भी
तक़दीरें भी अब बिलकुल साथ नहीं देती
क्या है इन लकीरों की नाराज़गी ?"

"जोड़ने चले थे वो कड़ियाँ टूटी हुई
चल दिए हैं आज खुद टूटे हुए
आज समझता हूँ उन टूटी कड़ियों को
जब देख रहा हूँ खुद को एक कड़ी सा बनते हुए"

✧ ✧ ✧ ✧

"हुआ क्या है मुझे
क्यूँ थक हार के बैठा हूँ ?
जो जोश की आग थी मुझमें
क्यूँ बुझा के बैठा हूँ ?
आमतौर पर सवाल करता नहीं
आज ये सवाल भी करके बैठा हूँ
क्या ज़िन्दगी से चाहत छोड़ी है मैंने ?
या जीवन से मैं हटा के बैठा हूँ"

✧ ✧ ✧ ✧

"आज भी तेरे सिवा कोई भाता नहीं
तेरे सिवा कोई अपना कहलाता नहीं
आकर चले गए कई लोग मेरी ज़िन्दगी से
मगर तेरे जितना कोई याद आता नहीं"

✧ ✧ ✧ ✧

"तुझको खोकर खुद को पाया है
जब से तेरी असलियत का खत आया है"

✧ ✧ ✧ ✧

"कोई ज़माना खोकर
मैंने ये ज़माना पाया है
सच कहते हैं लोग
शायद अब मुझे जीना आया है"

❧❧❧

"मंज़िलें तो कहाँ ज़रूरी थी
बस सफर का था मजा
वरना खत्म तो हमने उसको
कब का कर दिया होता"

❧❧❧

"वो बहादुर है ये दुनिया सोच रही थी
आज कांच बनकर बैठा है
कल जो दुनिया को जोड़ने की कोशिश में रहता
आज खुद टूट कर बैठा है"

❧❧❧

"ज़िक्र यूँही नहीं करता मैं ज़िन्दगी में किसी का
मेरे लिए उसे ख़ास होना पडता है
रह जाने को मेरी ज़िन्दगी में
उसे अनगिनत बार उदास होना पडता है"

❧❧❧

"वो दस्तावेज़ जिन्हे कह रहे थे
मेहनत थी मेरी ज़िंदगानी की
उन कागज़ के पन्नों में

सिमट रही मेरी कहानी थी
चाहे ऊँची उडानें रही
या रहा धरती का सफर
उन दस्तावेज़ों में था
मेरी हर एक सांस का असर
खोखला हूँ आज ज़िन्दगी में
मगर यादों की बहार है
यादों को जीकर ही आज
शायद ज़िन्दगी में आगे बढ़ता हूँ
अपनी ज़िन्दगी के उन चंद पलों में
मैं आज भी जान छिड़कता हूँ"

❦❦❦

"खड़ा था उस बाजार में
जो अपनों ने लगाया
मैंने मेरी भावनाओं को
वहां बिकता हुआ पाया
मैं खड़ा देखता रहा
बस कुछ कह भी न पाया
अपना था मैं उनका
शायद ये भी कोई समझ न पाया"

❦❦❦

"रेतीली रातों में
वो ठंडी साँसों में
वो ढलते एहसासों में
उन नन्ही सी राहों में

मैं शायद कहीं खो गया
उन शब्दों की लहरों पे
ढलती दुपहरों में
मुस्कुराते-मुस्कुराते
न जाने कितनी बार रो गया
आंसू ख़ुशी के थे
भावनाएं भी थी गरम
वो हर किसम की यादें
जो बहुत थी नरम
चेहरे देखे लाख भावनाएं छिपाए
पर फिर लगा हम मुस्काते-मुस्काते
बहुत दूर निकल आए"

❧❧❧

"विचार थे जो रह गए
संसार में कहीं बह गए
जो छूटा वो दामन था ख्वाहिशों का
शायद इरादों के पंख छोटे रह गए"

❧❧❧

"एक झलक मेरी देखकर
तुम क्या ही समझ पाओगे
असल मुझको मुझसे ज़्यादा तभी जान पाओगे
जब वक़्त तुम थोड़ा ज़्यादा मेरे साथ बिताओगे"

❧❧❧

"जितने कदम नहीं चल पाए कई मुसाफिर
उतने रास्ते देखे हैं मैंने
जितने लोग गिन न पाए दिन अपनी ज़िन्दगी में
इतनों को तो अकेलेपन में जिया है मैंने
मुझे परवाह नहीं किसी कि कितने खड़े हैं मेरे साथ
या हैं खिलाफ कितने
जब से सारी परेशानियों को अकेले झेला है मैंने
मुस्कुराता कम ही हूँ
मगर मुस्कुराहटें कई देखीं है
हर गम की बारिशों से पहले की आँधियाँ मैंने देखीं है
मैं कहता नहीं कि बहुत जानकार हूँ मैं ज़िन्दगी का
मगर आने वाले हर कल की कुछ कड़ियाँ मैंने देखीं हैं"

❧❧❧

"जब बचपन था
तब सपने हज़ार थे
जो पलकों पे सवार थे
जब से बचपन गया है
पलकें इतनी झपकी
कि लगा शायद वो सपने ही बेकार थे"

❧❧❧

"कि जहाँ सुकून आए वहां जाओ
इस असमंजस में क्यूँ फसे हो
उतार दो इस भार को
जिसे आजतक उठाए खड़े हो"

❧❧❧

"बदलते रास्तों के बदलाव खुद में देखे
बुरे वक़्त के घाव खुद में देखे
निकल गया कई मंज़िलों की तलाश में
जिन मंज़िलों के कई पड़ाव खुद में देखे"

❧ ❧ ❧

"राहों पर भटकते हुए ठोकरें लाख वो खाता है
खुद में डूबा वो रहा
दुनिया में सन्नाटा है
न किसी से कुछ कह पाता है
बस दुसरों की खुशियों में मुस्कुराता है
हाँ पागल बनने में भी अब तो
बिलकुल न वो शर्माता है
क्या पता दुनिया को, कि दुनिया के होते हुए भी
वो खुदको अकेला पाता है"

❧ ❧ ❧

"ये घड़ियाँ भी बीतेंगी
ये वक़्त भी बीतेगा
ये जो सिमट गए हैं पल मेरे अन्दर
वो एक-एक पल भी बीतेगा
मेरी मुस्कुराहटें भी बीतेंगी
वो आहटें भी बीतेंगी
किसी के लिए जो रह गई
वो चाहतें भी बीतेंगी"

❧ ❧ ❧

"मुझे अपने तराजुओं में न तोलो
मेरी भावनाएं कई है
मेरी हर भावनाओं से जुड़े
वो किस्से कई है
समझ का दायरा जिसका जितना था
वो उतना ही समझ पाया
किसी ने कुछ सुना
और कोई बिना समझे बस मुस्कुराया"

❧❧❧

"किसी ज़माने में कलम तक नहीं उठाता था मैं
आज कलम घिसने की आवाज़ बहुत दूर तक जाती है
पहले खुद को ही व्यक्त न कर पाया कभी
आज तो दुनिया अपनी भावनाएं लिखवाती है"

❧❧❧

"तपती हुई धूप में
मैं पेड़ों की छाँव चाहता हूँ
अकेलेपन के संसार में
मैं कोई बस्ती या गाँव चाहता हूँ
भावनाओं के भंवर को काट सके
ऐसी एक नांव चाहता हूँ
और मेरा गर्म लहू बहता रहे
ऐसा एक घाव चाहता हूँ"

❧❧❧

"चाहतों का सिलसिला तो बस चलता रहेगा
वक़्त के आगोश में ये संसार ढलता रहेगा
बीती हुई बातें लिए मेरा मन सम्भलता रहेंगा
और राह को पकडे ये राहगीर
लक्ष्य की कामना करता रहेगा"

"नज़रें बदलनी छोड़ दी है मैने
नजरिया बदलना सीख रहा हूँ
अपनी बातों को कहना छोड़कर
अब मेरी बातों को खुद से लिख रहा हूँ
वक़्त का मोहताज न होकर भी
मैं वक़्त की एहमियत समझ रहा हूँ
ज़िन्दगी को दौड़कर जीना नहीं चाहता
इसलिए अब हौले हौले चल रहा हूँ"

"दोस्ती का हक जताकर भी
दोस्त न कहलाया
क्या इतना कुछ सहकर भी
कुछ न बन पाया
वो दूर से चले जाते हैं
साथ खड़े होते थे जो
आज अकेले रोने पर मजबूर करते हैं
साथ बैठकर गम भगाते थे जो"

"अकेलेपन में बैठी मेरे अंतर्मन की छाया
न जाने एहसासों का कितना कुछ उसमे समाया
उसे पता है कि अब कोई उजाले की किरण नहीं आएगी
उसको उस दर्पण में उसका प्रतिबिंब नहीं दिखाएगी"

~~~

"कभी आँखें बंद करूँ
तो काश सुकून की सांस आए
बस छिपाते हुए घूमता हूँ जिन बातों को
न उनकी कभी बात आए"

~~~

"कभी अँधेरों में बैठो
मेरी ज़िन्दगी के आँगन में
अक्सर कुछ लम्हो के जुगनू
अपनी झलक दिखा ही देंगे"

~~~

"मेरी खामोशियाँ
बस मुझ तक ही सीमित रखो
इसे अपनी ज़िन्दगी में लाने की
कोशिश न करो
ये आती आसानियों से हैं अक्सर
मगर जाने का नाम बिलकुल नहीं लेती"

~~~

"इतिहास गवाह है की जब-जब मेरी जुबां लड़खड़ाई है
आँखों ने बिना डरे आपबीती सुनाई है
जिसे जुबां सुननी आती थी वो कुछ समझ न पाया
बात उसी ने समझी जिसे आँखें पढ़नी आई हैं"

❦❦❦

"झूठ लाख होते हुए भी
मैंने हक़ीक़त को जाना
न जाने कितने पल उदासी में
सीखा मुस्कुराना
कि ज़िक्र कर न सका मैं हालात का अपने किसी के भी
सामने
बस सोचकर कि मेरी स्थिति पर हँस न दे ये ज़माना"

❦❦❦

"वो आँखें नम लिए
आँखों में रौशनी कम लिए
बैठा था किसी दूर नदी के किनारे
न जाने कैसे जीता रहा किसकी यादों के सहारे
वक़्त भी कहता न कुछ
बस करता रहा इशारे
वो इंतज़ार में रहा कि वक़्त मेरा जीवन कुछ तो सुधारे"

❦❦❦

"सौदा नहीं मैं कोई खोटा
खरा हूँ ज़रूर
कि चमक मेरी भी है

बस छिपी है वो कहीं दूर"

❧ ❧ ❧

"सर्वभाव समाये इस मन के भीतर
कभी कुछ अच्छे करते रहे कभी कुछ खराब तितर-बितर
थमा नहीं वक़्त बस चलते रहा मैं
कभी इस तो कभी उस डगर"

❧ ❧ ❧

"सर्द हवा में एक गर्म चादर लिए
चुभते हुए अनादर में थोड़ा सा आदर लिए
अब जीवन यापन में दिन गिन रहा
आंखों में एक नए कल की आस लिए"

❧ ❧ ❧

"महसूस जो अभी हो रहा है
न जाने बात वो क्या है
सब कुछ तो समझा चुका हूँ खुद को
या समझाने को अभी भी कुछ बचा है"

❧ ❧ ❧

"मुझे पता न चला कि कब मेरे जीवन की पुस्तक
मेरे कर्मों की स्याही से हो गयी थी काली
साफ़ करने की आशा लिए
अश्कों की बारिश में वो हज़ार बार धो डाली"

❧ ❧ ❧

"मेरे पहलुओं में बसे
उन लम्हो को महसूस करो
मेरे बस रहे कुछ सवालों की
शंकाओं को दूर करो"

❧❧❧

"कल लिखते-लिखते मैंने पाया
कि वाकिये ज़्यादा हो चले
पन्ने कम पड़ते रहे
हर सांस के मायने
कम से लग रहे
पल बचे रहे
मुस्कान बाकी हो
मेरी ज़िन्दगी छोटी ही सही
मेरे लिए काफी हो"

❧❧❧

"अकेले में जीना सिखाया दुनिया ने
साथ रहने का मतलब सिखाया अपनों ने है
दुनिया तोड़ती चली गई मुझे अनेक मोड़ों पर
मेरे तो हर टूटे हुए टुकड़े को उठाया अपनों ने है"

❧❧❧

"कभी हवा के झोंखों से डरा करता था मैं
आज आँधियाँ भी हिला नहीं पाती
कभी चंद पलों की खामोशियाँ सताती थीं
आज अकेले रहने की स्मृतियाँ भी नहीं रुलाती"

❧❧❧

"अक्सर खोखले बांस के जंगल में
शोर कई गुना तेज सुना है मैंने
और उस तीव्र गति की नदी में भी
सन्नाटों का एहसास किया है मैंने"

❧❧❧

"उसने पूछा कि वो सब्र की रेखा
तुम्हारे चेहरे पर यूँ कैसे है
मैंने कहा तिनको-तिनको से जब बाँध बनाया हो
तो फर्क नहीं पड़ता लोग क्या कहते हैं"

❧❧❧

"जल्द चले जाने का जी है
अब जी लगता नहीं
वक़्त रहते वक़्त की रेत में
अब जीवन सम्भालता नहीं
चूक गया मैं
कहीं अपनी मंज़िलों को पाने में
बैठ चुका हूँ अब कहीं
किसी धुंधले ठिकाने में"

❧❧❧

"चल रहा था इस सफर में
न कोई मेरा साथी था
चल रहा था मेरी साँसों का तूफ़ान

ये मेरे लिए काफी था
चल रहा था इस सफर में
आस भी कोई ख़ास न थी
अब तो लगने लगा है
कि कोई हसरत थी रह गई
चल रहा था इस सफर में
किसी मंज़िल की तलाश में
बस पहुँच जाऊं शिखर तक
ये कहता रहा हूँ आज मैं
चल रहा था इस सफर में
जिसका अंतिम छोर न दिख पाया
कहीं रह न जाए मुझमें
जो मैं कभी न कह पाया
सफर पूरा न हो जाए
मेरी बातें न रह जाएँ
इसलिए कहता हूँ कुछ रोज़ अपनी
थोड़ी-थोड़ी कविताएं"

❧❧❧

"मेरी बातों से खेलो
जज़बातों से नहीं
मेरी बुरी यादों को तोड़ो
हंसी लम्हों को नहीं
जो रह गया है अब मेरे पास
उसे छीनों नहीं
चंद खुशी की यादें हैं,
उन्हें बीनों नहीं"

❧❦❧

"कभी गर्म लू से झुलसते हुए तन पर
ठंडी हवाओं के झोंकों को भी महसूस किया
उस तपती हुई धूप से बादलों की छाँव के
सफर में खुदको पीस दिया
चलता रहा मुसाफिर बन
खुदको खो आया
कई मिले राहों में मुझ से
जिनसे मिलकर मैं पछताया
आँखों से अश्क़
और मुख से बस आह! का प्रवाह था
जो रह गया दबकर अन्दर
वो एक अनजान सा ख़्वाब था"

❧❦❧

"न पहचान बन पाए
न कोई नाम बन पाए
हम तो आपकी ज़िन्दगी में
बस किसी पराए का पैगाम बन पाए"

❧❦❧

"जब असंख्य सवाल हो
और संवेदनाओं का जाल हो
अकेले बैठे हुए कश्मकश में आप
और विचारों में उबाल हो
समझ लेना की मंज़िलें

अब पास नहीं
जो टूटे सपने लिए घूमता था कभी
अब वो मैं भी उदास नहीं"

❦❦❦

"मेरी मुस्कुराहटें
निर्भर किया करती थी इस दुनिया के बर्ताव पे
कोई पसंद करे मुझे या बात भी कर ले
तो वो आ जाती इस बेरंग से चेहरे पे
जब से सोच लिया है कि सोचूँगा नहीं
कि दुनिया क्या कहती है
तब से बिना सोचे समझे
ये खुशियों से भरी मुस्कान निकल आती है"

❦❦❦

"गवाहियां देता रहा मैं दूसरों की
मेरी गवाही कोई दे न पाया
जहाँ हर इंसान के लिए भीड़ बना मैं
उन्ही के बीच में मैंने खुद को अकेला पाया"

❦❦❦

"हाँ मैं कमज़ोर था
अब वापिस ताक़त पाने की इच्छा है
जो छूटकर रह गया था मेरे पास
अब उसे पूरा बनाने की इच्छा है"

"अब शायद जीना अकेले आ गया
जो छूटा था एक टुकड़ा वो पास आ गया
मैं फिर से खुदमे एक चिंगारी सी महसूस करता हूँ
लगता है अब फिर से तपती हुई आग बनने का वक़्त आ
गया"

❧❧❧❧

"मैं न चाहते हुए भी लोगों का गुनहगार बन जाता हूँ
अंत में खुद से ही लड़ता खुद को पाता हूँ
न जाने ऐसे कौन से भावों में फंसा हूँ मैं
कि हर रोज़ खुदको थोड़ा खोता हुआ पाता हूँ"

❧❧❧❧

"मैंने खुद को पहचाने बगैर
खुद के साथ रहकर जीना सीखा
कभी गिरने की गलतियां करी
तो कभी गलतियों के साथ चलना सीखा"

❧❧❧❧

"गुनाहों की सज़ाओं का हक़दार भी मैं हूँ
कभी न कह सका किसी से उस बात का हिस्सेदार भी मैं
हूँ
रह रही हैं जो भी भावनाएं मुझ में बस कर
उन न बदलने वाली आदतों का पहरेदार भी मैं हूँ"

❧❧❧❧

"खर्च हो गई अगर साँसें कभी पूरी मेरी
तो मेरी आखिरी निशानी से मिलने ज़रूर आना
आते-आते आँखों में अश्रु नहीं
लाना हो तो मेरे रहने पे जो मुस्कराहट आती थी, वो ज़रूर
लाना"

❧❧❧

"सफर लम्बा ज़रूर है मेरी ज़िंदगानी का
कब तक चलेगा दौर मेरी मनमानियों का
थमने लगेगा मंज़र किसी दिन किसी तूफ़ान की तरह
तब बेशक चलेगा दौर मेरी कहानियों का"

❧❧❧

"आशियाना छोड़े हुए उन परिंदो को अर्सा हो गया
अब उनके आने का वक़्त कब का हो गया
मैं मुस्कुराकर जी लेता हूँ उन पलों को कई
जब से बचपन की यादों का आना भी कम सा हो गया"

❧❧❧

"ये ज़िन्दगी है
आज मेरी है
कल तेरी भी होगी
आज अँधेरी है
कल सुनहरी भी होगी
आज सुनसान भले ही लगे
कल चहकती भी होगी
आज सटीक सी लगती

कल बहकती भी होगी
ये ज़िन्दगी है
इसने बदलाव देखें हैं
कभी छोटे तो
कभी बड़े घाव देखें हैं
वो मुस्कुराहटों की कीमत को
अश्कों ने चुकाया है
इसी ज़िन्दगी में लोगों ने
कई बार ख़ुदको अकेला पाया है
कुछ जुड़ गए किसी से
कुछ आज भी अकेले हैं
मुसाफिरी को ज़िंदगानी कहा
न जाने कितना कब तक सहा
ख़ुशी की आग बुझ गई मेरी
मगर न जाने मैं क्यूँ वैसा रहा
दर्द छलकाते
ख़ुद को समझाते
बस जीता रहा
एक तरफ समेटे
पुरानी यादों को घसीटे
मैं बस बदलता रहा"

❧❧

"कभी इन बेरंग से पन्नों में भी
कहानियों के रंग थे
लव्ज़ बेशक थे कम
मगर स्वछन्द थे

मुझे जानने की कोशिश में जो रहे
वो मुझसे तंग थे
भावनाओं के तूफ़ान
कम मगर प्रचंड थे"

❦❦❦

"मेरी ख़ामोशियों को कम मत समझना
उनकी गूंझ हर जगह सुनाई देती है
मेरी अन्देखी को कभी नज़र अन्दाज़ मत करना
वरना वही चीज़ है जो हर जगह दिखाई देती है"

❦❦❦

"मैं खुश हूँ अब इस अकेलेपन के साथ
वो मुझे अब इत्मिनान से बैठने तो देता है
मैं खुश हूँ अब इन अँधेरों के साथ
जो हर पल मेरे आसपास तो रहता है"

❦❦❦

"वो चंद लम्हे पाने को
उन पलों में मुस्कुराने को
मेरे दिन को ढल जाने को
हर पल साथ निभाने को
थोड़ा वक़्त लगेगा"

❦❦❦

"वो रास्ते अनजान थे
वो गलियां अनजान थी

बस लेके चल रहे थे जिन भावनाओं को
बस वही तो अपनी पहचान थी
न वक़्त अपना लग रहा है
न किस्मत का साथ है
बस कुछ हलचल सी है मुझमें
न जाने क्या ही वो बात है"

"मुझे मुस्कुराना नहीं आता
मुझे रिश्ते बनाना नहीं आता
बन गया अगर कोई ख़ास मेरा
तो मुझे हाथ छुड़ाना नहीं आता"

"किसी ने कहा खुली किताब से लगते हो
मैंने जब अपनी ज़िन्दगी के दो पन्ने पलटाये
मैंने कहा तुम सक्षम थे इतने
जो दो पन्ने ही सही,पढ़ तो पाए"

"वक़्त बदल रहा है
और बदल रहे मेरे जस्बात भी
बातें सही हो भी रही है या नहीं
पता कुछ चल रहा नहीं
मैंने वक़्त की कसौटियों पर
खरा उतरने का सोचा है
लड़ते-लड़ते चल रहा हूँ

या ये भी सिर्फ एक धोखा है"

❧❦❧

"मैं मुसाफिर हूँ
मुझे चलने दो
मैं भटका हूँ ज़रूर
मुझे सँभलने दो
मेरी यादों से जुड़ाव मत ही रखो तो बेहतर है
मुझे हर पल खुद से बस बिछड़ने दो
मैं चलते-चलते
अब बदल रहा हूँ
अपने आगे आने वाले पल
बस गिन रहा हूँ
मेरी यादों का एक पोटला समेटे हुए
मैं वक़्त की रेत में फ़िसल रहा हूँ
मुझसे मिलना हो तो बेशक आ जाना
मगर पहले ही बता दूँ कि मुश्किल है मुझसे मिल पाना"

❧❦❧

"देखता मायूस होकर
अपने प्रतिबिंब को
अपने मन में झाँक कर
ढूंढ रहा हूँ पल ख़ुशी के
उस वक़्त की रेत को छानकर
कम हैं लम्हे ज़रूर
जिन्हे जीता हूँ मैं याद कर
नहीं रही वो खुशियां अब

जिन्हे जीता था मैं बांटकर"

❧ ❧ ❧

"ये ज़रूरी नहीं कि समझे हर कोई मेरे जीवन के हर एक
पन्ने को
मगर पढ़े बिना कोई राये बना लेना भी ठीक तो नहीं
माना कि चले जाते हो बिना बताए मेरी ज़िन्दगी से
मगर जाने के बाद मुझे गलत ठहराना ठीक तो नहीं"

❧ ❧ ❧

"लव्ज़ कम पड़ने लगे जब
मैने आँखों से बात करना सीखा
और भाषा अल्फ़ाज़ों की मोहताज नहीं
ये भी उसी दिन देखा"

❧ ❧ ❧

"अकेले सफर करते हुए
कई किस्से बनाए
और उन किस्सों को जीते हुए
अपने कई हिस्से बनाए"

❧ ❧ ❧

"उस जलन की आग में
मैने खुद को जलता हुआ पाया
मेरे हर टुकड़े के गिरने पर
हर दुनिया वाला मुस्कुराया
मैंने देखा ये खुद से

और तब समझ में आया
कि लाखों की भीड़ में होते हुए भी
मैंने कैसे खुद को अकेला पाया"

"घड़ियों के हिसाब से चलना छोड़ दिया है मैंने
अब यादें बनाता चलता हूँ
खुद दुनिया से सीखे कई पहलु
कुछ पहलु दुनिया को ही सिखाता चलता हूँ"

"आज बैठकर मैं खुदको सुना रहा था कि
लोग मुझे गुलाब कहते हैं
मेरी कोमल मुस्कुराहटों के साथ
मेरे काँटों की चुभन को सहते हैं"

"मेरी ज़िंदगानी में बस हक मेरा है
उस हक के साथ मुझे जीना है
बेशक मुझे सलाह देने की चाहत है तुमको
मगर उस सलाह के फैसले से ज़िंदगानी को मैंने बदलना
है"

4. किसी की याद में विचार

"वो झूठ बोल रहा था कि
न तेरा ज़िक्र करुँगा
न तेरी फिक्र करुँगा
वो दोनों करता रहा उसके आंसुओं से पूछ कर देखो"

"नहीं था कल न आज हूँ तेरा
दिल में दबा एक जज़बात हूँ तेरा
मैं जानता हूँ इस बात से तू अनजान है
ज़िन्दगी के कुछ ऐसे पहलुओं की मुझे अच्छी पहचान है"

"तेरे साथ बिताए पलों को
फिर जी सा जाता हूँ
आज भी तेरी मुस्कान याद कर
मैं मुस्कुराता हूँ
माना की बहुत खुशकिस्मत है वो लोग जो साथ हमेशा
होते हैं
तुझे अपनी यादों में पाकर थोड़ा खुशकिस्मत समझ पाता
हूँ"

"किसी ने क्या खूब कहा था
कि जिसमें अपनापन होगा
वो कभी पराया न हो पाएगा
दिल दुखेगा हर पल दोनों का
अगर कोई एक भी दूसरे को छोड़कर जाएगा"

"अजीब सा सफर है ज़िन्दगी का
अच्छे लोग साथ रहते नहीं
और बुरे लोग साथ छोड़ते नहीं
बस फिर भी मुस्कुराना पढता है
दुनिया की चाहत में
वरना कुछ आंसू आज भी रुकते नहीं
और सिसकियाँ चुप होती नहीं"

"भरोसा तुझपर आज भी
खुद से थोड़ा ज़्यादा है
शायद इसीलिए ये दिल तेरे बगैर
आज भी एकदम आधा है"

"बस थमा तूफ़ान है
आई जान में जान है
खड़े आशियाने तबाह हुए
क्या बचा कोई मकान है ?"

❧❧❧

"ये घड़ियाँ भी बीतेंगी
ये वक़्त भी बीतेगा
ये जो सिमट गए हैं पल मेरे अन्दर
वो एक एक पल भी बीतेगा
मेरी मुस्कुराहटें भी बीतेंगी
वो आहटें भी बीतेंगी
किसी के लिए जो रह गई
वो चाहतें भी बीतेंगी"

❧❧❧

"वक़्त भी चलता रहेगा
ज़िंदगानी यूँही ढलती रहेगी
किसी के जाने या न जाने से फर्क पड़ता तो है
मगर कहीं न कहीं ये ज़िंदगानी यूँही चलती रहेगी"

❧❧❧

"किसी ने पूछा मुझे पहचानते हो
मैंने कहा मेरे जीवन की किताब का हर पन्ना अंकित हैं
उस पन्ने पर लिखे हुए कुछ शब्द अंकित हैं
उन शब्दों में कुछ दो चार नाम अंकित हैं
और उन नामों की श्रेणी में सर्वश्रेष्ठ आपका नाम अंकित

हैं"

~∙~∙~

"वो दबे हुए पन्ने मेरी ज़िन्दगी की किताब के
आज भी ज़हन में आग लगाते हैं
कभी आहत लगे मुझको ऐसा सोचते हैं
तो कभी मेरी खुशियों को कष्ट पहुंचाते हैं"

~∙~∙~

"आज मेरा है कल
तेरा भी आएगा
ये वक़्त है सबका
जो सबको सब सिखाएगा"

~∙~∙~

"मैं कल्पनाओं में बसा एक ख्वाब हूँ
रह गया किसी के मन में वो एहसास हूँ
जो दोहराया न जाए कभी भी वो इतिहास हूँ
जो कभी टूटे ही न वो विश्वास हूँ"

~∙~∙~

"जिन्हें मेरी जुबां से दिक्कत है आज
उन्हें कल मेरी खामोशियों से भी दिक्कत होगी
कल बात करना वो चाहेंगे
न बात करने की हमें फुर्सत होगी"

~∙~∙~

"एहसास और एहमियत के पन्ने सिर्फ इतने ही खोलो
अपनी ज़िन्दगी के
कि जब मस्त मौला हो जाए
वो अपनी ज़िन्दगी में
तो कीमत आपके दिल को न चुकानी पड़े"

❧ ❧ ❧

"अच्छा हुआ कुछ यादें बस अब यादें ही हैं हकीकत नहीं
कुछ ख़याल अब ख़याल ही है बातें नहीं
जो रूठ चुके हर जगह से क्या वो आज भी चलते हैं ?
या जो रह चुके थे ख्वाब उनके, क्या वो उन्हें अब भी
बुनते हैं ?"

❧ ❧ ❧

"तबादले भावनाओं के मैंने लाख देखें हैं
कई हस्तियों को बिना हँसाए देखें हैं
कुछ डह गए जो वक़्त में वैसे सताए देखें हैं
और कुछ बाकी रह गई हो चीज़ें उन्हें छिपाए देखें हैं"

❧ ❧ ❧

"किसी ज़माने का छिपा हुआ चांद
फिर नज़र आया
जो बीती यादों को किसी अँधेरे कोनें में छोड़ा था
उन्हें वो साथ ले आया"

❧ ❧ ❧

"तेरा स्पर्श आज भी किसी चाय की चुसकियों से कम नहीं
हर घूंठ में बस ताज़गी छलकती है
भीड़-भाड़ किसी रोज़ में कितनी ही थक चुकी हो मेरी
ज़िन्दगी
तेरे एक स्पर्श से सम्भलती है"

❧❧❧

"वो आज भी देख ले पलट के
तो पलकें कुछ रोज़ थम जाती हैं
उसे किस्मत यूँही नहीं कहते हैं लोग
जिसके साथ है उसकी दुनिया बदल जाती है"

❧❧❧

"वो दर्द हज़ार लेकर बैठी थी
दिल में छिपाकर
मगर मिल रही थी हर शक्स से
बेझिझक मुस्कुराकर
वो छोटा सा दरिया
आँखों में छिपाए थी
न दिख पाए वो किसी को
उसे ऐसे समाये थी
न जाने किस रोज़ बातें वो करती थी
आज खामोशियां ही उसके आसपास सिमटती है
चुप है इस आस में कि ये दौर ख़त्म होगा
ये सन्नाटों के आसमानों का कोई अंत तो होगा"

❧❧❧

"सुकून की साँसें अक्सर लेता हूँ
जब-जब आकर मैं तेरे साथ बैठा हूँ
वक़्त की घड़ियाँ भी अपनी रफ़्तार बदलती हैं
मेरी वो हसीं शामें मेरी यादों में कहाँ ढलती हैं
वो मुस्कान है की जाने का नाम नहीं लेती
जीवन की ख्वाहिशें भी अब कोई काम नहीं देती"

"अजीब इत्तेफ़ाक़ है
कि बिन पानी की नदियों में उफान बहुत है
हवाएं है नहीं मगर तूफ़ान बहुत है
पता है उन्होंने आना ही नहीं
मगर उनको लाने के इंतज़ाम बहुत हैं"

"ना उसकी आँखों ने कहा कुछ
मैं अपनी आँखें मूँदता रहा
उसके सन्नाटों में छिपी
कुछ बातें ढूँढता रहा
कभी मेरे दिल से जो निकली वो आह! उसने न सुनी
मेरी आहटों से भी वो खामोशियां चुनती रही"

"वो हारता नहीं
अगर हराया न जाता
वो दिखता भी न कहीं

अगर दिखाया न जाता
उसकी उदासी ही झलकती उस जीवन में
अगर वो कभी न मुस्कुराता"

❦❦❦

"राहों पर भटकते हुए ठोकरें लाख वो खाता है
खुद में डूबा वो रहा
दुनिया में सन्नाटा है
न सुनता किसी की कुछ भी बातें
न किसी से कुछ कह पाता है
बस दुसरों की खुशियों में मुस्कुराता है
हाँ पागल बनने में भी अब तो
बिलकुल न वो शर्माता है
क्या पता दुनिया को कि वो उसके होते हुए भी
खुदको अकेला पाता है"

❦❦❦

"कि निःस्वार्थ प्यार किया
बदले में खुदको अकेला पाया
लोगों को झूट पसंद था
उसने हमेशा सच का साथ निभाया
अकेली खड़ी भले ही वो
मगर आज भी मुस्कुराती है
उसकी मुस्कान की झलक को तो परियाँ भी तरस जाती
हैं"

❦❦❦

"लव्ज़ हैं मगर बाहर आना नहीं चाहते
किसी को कुछ बताना नहीं चाहते
कुछ बीते पल हैं जो बहुत याद आते
मगर हम बिन कुछ कहे बस मुस्कुराते"

"वो चमक देख रहे हो
उस नायाब सितारे की
कभी वो शान हुआ करता था
मेरे आसमानों की"

"गाँठें पड़ चुकी हैं अब
रिश्ता गठीला हो चला
कसा कसी में जो रह गया था
वो न चाहते हुए बह चला"

"वो गुलाबी ठण्ड सी थी
और मैं भी पेड़ों के सफर सा
मद्धम सी धूप में दोनों मुस्काते
कभी पास रहते हैं हम तो कभी खुदको बहुत दूर पाते
सफर भी अजीब है हम दोनों के मिलने मिलाने का
शायद इसे ही कहते हैं सफर दुसरों की ख़ुशी के लिए खुद
को मिटाने का"

"तेरा साथ मेरा साया था
शायद इसीलिए इतना दूर चल पाया था
आस तो कब की छोड़ दी थी मैंने
मेरा रुका हुआ वक़्त भी तेरे कारण बदल पाया था
फिर वक़्त रुकने लगा है
मेरा बीता वक़्त दिखने लगा है
तेरी कमी खलने लगी है
मेरी आदतें फिर बदलने लगी हैं"

❦❦❦

"मुझे याद करना न करना आपके ऊपर है
मेरे वक़्त की रेत में बहना न बहना अब आपके ऊपर है
मिल जायेंगे आशियाने खूबसूरत मेरी ज़िंदगानी से कई
उस सुन्दर आशियाने में रहना न रहना आपके ऊपर है"

❦❦❦

"कभी-कभी मैंने बेबसी में
हाथों को काँपते देखा है
कभी-कभी मैंने अकेलेपन को
लोगों को थामते देखा है
मुस्कुरा देते हैं ऐसे लोग
महज़ दिखावट मे
मैंने ऐसे लोगों को
खुदको अन्दर से मारते देखा है"

❦❦❦

"वो समंदर की लेहरों सी है
मुझ तक आती तो है
मगर रुक पाती नहीं
वो समंदर की रेत सी है
हवाओं के झोंकों में
रुक पाती नहीं
वो धूप सी है
गर्माहट महसूस होती है
बस बादलों में दिख पाती नहीं
वो उन छाँव सी भी है
जो धूप में दिखती है
और अँधेरे में दुपक जाती कहीं"

❧❧❧❧

"शुक्रिया हमेशा मेरी मुस्कान बन जाने को
शुक्रिया हमेशा प्यार निभाने को
शुक्रिया मेरी हर पहचान बनाने को
शुक्रिया मेरी ज़िन्दगी से कभी न जाने को"

❧❧❧❧

"किसी रोज़ मेरी याद आए
तो मुस्कुराना
क्यूंकि उस खिलखिलाहट की
किलकारी मुझ तक आज भी पहुँचती है"

❧❧❧❧

"किसी रोज़ अगर मैं पलट कर आजाऊं
तो मत समझना मुझे तुम्हारे पास आना है
तुम्हे खुद से दूर करने का जो ये बोझ लेकर घूमता था
उसे बस अब उतारकर जाना है"

❧ ❧ ❧

"कि कभी कहा करता था
कि मेरे कोरे कागज़ के पन्नों पर
तुम अच्छे से छप चुके हो
वहीं आज कहने लगा हूँ मैं
वो देखो मेरे बीती यादों के पिटारे में
तुम भी कई क़िताबों की तरह कहीं दब चुके हो"

❧ ❧ ❧

"वो उँगलियाँ आज भी महसूस होती हैं
मेरे बालों से खेलती हुई
बस झलकियां उस चेहरे की
अब धुँधली सी हो चली"

❧ ❧ ❧

"पहल करी जिन मोडों पर पहलु सा बना बैठे
जहां कर न पाए खुदसे पहल उस पल को गवां बैठे"

❧ ❧ ❧

"लाज़मी था उसका ये कहना
कि बदलाव तुम में बहुत आ चुके
मैं कहने लगा वक़्त की रेत में घिस चुका जो भी

उसमे कई बदलाव आ और कई बदलाव जा चुके"

❧❧❧

"कि ज़िन्दगी बस रही इन साँसों में
जब तक देखने की हसरतें बरकरार रहेंगी
सांसों का ज़ोर जिस दिन ख़त्म हो गया
ये व्याकुल मन की भावनाएं इन्हे बेकार कहेंगी"

❧❧❧

"कभी किसी रोज़ तुझे न मिलूं मैं
तो आंसू मत छलकाना
मेरी यादों के पिटारे को समेटकर
दूर से मुस्कुराना"

❧❧❧

"वो कभी समझ ही नहीं पाई
कि किन चीज़ों से नफरत है मुझे और किन चीज़ों से प्यार
वो करती रही चीज़ें जिन से नफरत थी मुझे
और किया नज़रअंदाज़ जिन से था मुझे प्यार"

❧❧❧

"कि पता न चला कि कब वो आवाज़
थमने सी लगी थी
और वो भावनाएं दिलों की
जमने सी लगी थी"

❧❧❧

"थक चुका हूँ मैं
तेरे इंतज़ार में
आशाओं की किरण
भी अब जाने की क़तार में
मेरा आसमान भी अब
धूमिल हो चला
यादों के किसी समंदर में
लो मैं भी बह चला"

❧ ❧ ❧ ❧

"वो मेरा ज़िक्र भी करती है
वो मेरी फिक्र भी करती है
वो बस मेरी है
वो मुझसे प्यार बहुत ही करती है"

❧ ❧ ❧ ❧

"वफ़ादार सिर्फ तुम नहीं
वफ़ादार मैं भी था
अपनी सिर्फ तुम नहीं थी
परिवार मैं भी था
टूटने का दर्द सिर्फ तुमको नहीं
एक छोर मैं भी था
जो बस कराह रहा था
वो शोर मैं भी था
महसूस करके देखना
सिर्फ आँधियों का बल तुम नहीं थी
उन तूफानों का ज़ोर मैं भी था

अकेली ख्वाहिशें तुम नहीं थी
एक टूटता हुआ तारा मैं भी था
खूबसूरत सिर्फ तुम नहीं थी
एक नज़ारा मैं भी था
प्रयास सिर्फ तुम नहीं थी
एक कोशिश दोबारा मैं भी था
जिस समंदर में डूब चुके आज
उसका एक किनारा मैं भी था
जिसकी झलक थी तुम
उसका एक इशारा मैं भी था"

लेखक की ओर से सन्देश

आशा करता हूँ कि आपको ये विचारों की संरचना पसंद आई होगी जिनको मैंने किसी पंक्ति या कविता का रूप देने का प्रयास किया है। मैं आपके और आपके परिवार के मंगलमय जीवन की कामना करता हूँ ।